BEI GRIN MACHT SICH IHR
WISSEN BEZAHLT

- Wir veröffentlichen Ihre Hausarbeit,
  Bachelor- und Masterarbeit

- Ihr eigenes eBook und Buch -
  weltweit in allen wichtigen Shops

- Verdienen Sie an jedem Verkauf

Jetzt bei www.GRIN.com hochladen
und kostenlos publizieren

Liebeskonzeptionen in Lessings "Emilia Galotti"

G R I N ☺

Bibliografische Information der Deutschen Nationalbibliothek:

Die Deutsche Nationalbibliothek verzeichnet diese Publikation in der Deutschen Nationalbibliografie; detaillierte bibliografische Daten sind im Internet über http://dnb.d-nb.de abrufbar.

ISBN: 9783346580245
Dieses Buch ist auch als E-Book erhältlich.

Das Buch bei GRIN: https://www.grin.com/document/1167845

Wintersemester 2019/20
Proseminar: Liebe und Literatur um 1800

Liebeskonzeptionen in Lessings *Emilia Galotti*

Inhaltsverzeichnis

1 Einleitung

Gotthold Ephraim Lessings *Emilia Galotti* ist ohne Zweifel eines der bekanntesten Dramen der Aufklärung.[1] Auch heutzutage wird es noch häufig in deutschen Schulen gelesen, was die Bekanntheit des Werkes widerspiegelt. Das bürgerliche Trauerspiel wurde seit seiner Uraufführung vielfach gedeutet und interpretiert. Die Forschung hat dabei meist den politischen Wert des Werkes und den Konflikt zwischen Adel und Bürgertum als besonders wichtig erachtet, aber auch andere Forschungsansätze sind und waren gegeben. Hierbei wären die Familienstruktur und die damit verbundene Erziehung sowie die Moral innerhalb des Werkes und die Schuldfrage hervorzuheben. Auch die Struktur des Werkes stellt den Mittelpunkt einiger Forschungswerke dar.

In dieser Arbeit soll jedoch ein anderes Thema behandelt werden: Das Thema der Liebe. Die Liebeskonzeptionen und -beziehungen in *Emilia Galotti* sind elementare Bestandteile des Werkes. Dieses beinhaltet einige sehr unterschiedliche Liebesbeziehungen, auf die eingegangen werden soll. Um sie zu verstehen, müssen sowohl der historische Kontext als auch andere wichtige Themen des Dramas wie zum Beispiel der Ständekonflikt beachtet werden. Ersterer wird im Folgenden vor allem aus der Sekundärliteratur ermittelt, während Letztere einer genauen Textkenntnis und -arbeit bedürfen.

Zunächst werden einige grundlegende Informationen zu dem Autor und seinem Werk gegeben, ehe eine zeitliche Kontextuierung erfolgt. Dabei werden vor allem die Liebesvorstellungen der Epoche aufgezeigt. Im Folgenden gilt es die Figuren aus *Emilia Galotti* einzeln bezüglich des Themas der Hausarbeit zu untersuchen und aufzuzeigen wie die jeweiligen Liebeskonzeptionen sind. Nach der Betrachtung Emilias und des Prinzen sollen die Gräfin Orsina, der Graf Appiani und das Ehepaar Galotti analysiert werden. Am Ende wird es im Fazit einen Vergleich und eine Einordnung der Liebeskonzeptionen der verschiedenen Charaktere geben, in dem erneut auf den Kontext der damaligen Zeit Bezug genommen werden soll.

---

[1] Vgl. Mingming Li: „Emilia Galotti – Mündigkeit der Wahrnehmung". In*: Literaturstraße. Chinesisch-deutsche Zeitschrift für Sprach- und Literaturwissenschaft* 16 (2015). S. 219 – 233, hier S. 220.

2 Der Autor und sein Werk

Gotthold Ephraim Lessing wurde 1729 in Kamenz als Pfarrerssohn geboren und begann in den 1740er Jahren erste Gedichte und Erzählungen zu schreiben. Nachdem er einige Lustspiele veröffentlichte, wurde sein erstes bürgerliches Trauerspiel *Miss Sara Sampson* 1955 uraufgeführt. Das nächste wurde zwölf Jahre später unter dem Titel *Minna von Barnhelm* in Hamburg gezeigt, wo er zuvor die Dramaturgie am neuen Theater übernommen hatte. Im Jahr 1772 veröffentlichte Lessing dann *Emilia Galotti*, sein vermutlich bekanntestes bürgerliches Trauerspiel, um das es im Folgenden gehen soll.[2] Aus diesem Grund werden nun nicht noch sein Spätwerk oder weitere Aspekte seines Lebens erläutert.

Emilia Galotti basiert auf der Geschichte der Virginia des römischen Geschichtsschreibers Livius aus seinem Werk *Ab urbe condita*.[3] Darin ersticht der Vater der Virginia seine Tochter, um ihre Tugend vor der Gewalt eines Tyrannen zu schützen, nachdem sie zu Unrecht in einem öffentlichen Prozess verurteilt wurde. Am Ende kommt es zu einer Revolution gegen eben diesen Tyrannen.[4] Lessing selbst schrieb in einem Brief, dass er mit *Emilia Galotti* eine von Staatsinteresse freie Version der Virginia zeigen wolle.

Das Werk ist definitiv der Gattung des bürgerlichen Trauerspiels zuzuordnen. Diese Bezeichnung wurde 1733 erstmals in Frankreich benutzt und Lessing selbst schrieb bei der Veröffentlichung als Untertitel *Trauerspiel* unter *Emilia Galotti*. Die wichtigsten Merkmale der Gattung sind ein Konflikt in privater Sphäre, keine heroischen Charaktere, keine mythische Vorlage sowie eine Handlung, die in der Mittelschicht spielt. Bei *Emilia Galotti* sind außer der vorhandenen mythischen Vorlage alle Elemente der typischen Gattungsmerkmale vorzufinden. Durch diese soll dafür gesorgt werden, dass das Publikum sich besser mit den Figuren identifizieren kann und emotional involvierter ist. Lessing betonte damals stets wie wichtig es sei, dass die Furcht vor einem ähnlichen Schicksal sowie das Mitleid mit den Figuren ausgeprägt seien. Um die dramatische Wirkung zu erhöhen, sollten die Charaktere dem Zuschauer so ähnlich wie möglich sein.[5]

---

[2] Vgl. Werner Jung: *Gotthold Ephraim Lessing*. Stuttgart/Paderborn 2010, S. 21 – 31.
[3] Vgl. Peter-André Alt: *Aufklärung*. 3., aktual. Aufl. Stuttgart/Weimar 2007, S. 221.
[4] Vgl. Gerhard Kaiser: *Von der Aufklärung bis zum Sturm und Drang: 1730 – 1785*. Gütersloh 1966, S. 55.
[5] Vgl. Alt, *Aufklärung*, S. 208 – 220.

3 Die Vorstellungen der Epoche

Emilia Galotti wurde im Zeitalter der Aufklärung verfasst, dem Beginn der bürgerlich-liberalen Gesellschaft. Neben Immanuel Kant gilt Gotthold Ephraim Lessing als einer der wichtigsten deutschen Repräsentanten der Aufklärung. Andere literarische Vertreter sind beispielsweise Schlegel, Gellert oder auch Klopstock mit seinen Oden und Wieland mit den Romanen. Die Literatur der Epoche sollte dem Publikum sowohl gefallen als auch nutzen. Lessing verstand das Theater als eine moralische Anstalt, seine bürgerlichen Trauerspiele sollten das Publikum anspornen tugendhaft zu handeln.[6] Mit der Aufklärung korrelierte zudem die Strömung der Empfindsamkeit, die „keineswegs als Gegenaufklärung verbucht werden darf".[7] In diesem Zusammenhang ist auch die sittliche Erziehung wichtig.[8] Zu der Zeit wurden alte Denkweisen hinterfragt und angegriffen. *Emilia Galotti* vereinte diese epochenmachenden Themen und prägte die bürgerlich-literarische Kultur.[9]

Neben den Gattungsmerkmalen und den Themen der Epoche sind auch die damaligen Vorstellungen von Erziehung und Liebe besonders wichtig, um *Emilia Galotti* einzuordnen. Im 18. Jahrhundert galten Mann und Frau als sich ergänzende Partner, weshalb die Erziehung der Geschlechter unterschiedlich sein sollte. Während die Jungen zu selbstständigen und freien Individuen erzogen wurden, lernten die Mädchen moralisch, vernünftig und sanftmütig zu sein. Der Aufklärer Jean-Jacques Rousseau schreibt in seinem Werk *Émile ou de l'éducation*, dass Frauen nur lernen sollen, was zu ihrem Geschlecht passt und ansonsten Grausames zu erleiden hätten. Ihre Aufgaben als Frauen seien es, die Kinder großzuziehen, nützlich zu sein und dem Mann zu gefallen.[10] Der Vater galt als Oberhaupt der Familie und sollte die Kinder mit seiner Frau zur Vernunft führen.[11] Generell war damals die Rolle der Frau vor allem die Rolle als Mutter, Hausfrau und Gattin in einer Vernunftehe.[12]

---

[6] Vgl. Jung, *Lessing*, S. 7 – 18.
[7] Vgl. Alt, *Aufklärung*, 6f.
[8] Vgl. Kaiser, *Sturm*, S. 14.
[9] Vgl. Christoph Girschik: *Liebe und Gewalt als Korrelate patronomer Herrschaft.* Münster u.a. 1994, S. 49.
[10] Vgl. Christa Kersting: „Konzepte weiblicher Erziehung im Zeitalter der Aufklärung". In: Marion Kutter (Red.): *Weiblichkeitsentwürfe und Frauen im Werk Lessings. Aufklärung und Gegenaufklärung bis 1800.* Kamenz 1997. S. 67 – 93, hier S. 69 – 79.
[11] Vgl. Girschik, *Liebe*, S. 43 – 47.
[12] Vgl. Kersting: *Konzepte*, S. 80.

Der Übergang zur romantischen Liebe fand um 1800 statt, zuvor wurde die leidenschaftliche Liebe als Motiv zur Partnerwahl noch weitestgehend abgelehnt.[13] Die Liebe ist das auffälligste gemeinsame Thema der Literatur des 18. Jahrhunderts. Ein wichtiges Motiv war dabei die Opposition von Wollust und Liebe: In den Dramen der damaligen Zeit und besonders in den bürgerlichen Trauerspielen spielte es oft eine wichtige Rolle. Welche Rolle die Liebe in *Emilia Galotti* spielt, wird nun anhand verschiedener Figuren gezeigt werden.[14]

4 Die Liebeskonzeptionen in *Emilia Galotti*

4.1 Die Liebeskonzeption Emilias

Emilia Galotti, die titelgebende Protagonistin des Werkes, ist zu Beginn des Dramas dem Grafen Appiani versprochen und steht kurz vor der Hochzeit, die am selbigen Tage stattfinden soll. Sie wird durch den Marchese Marinelli als „Mädchen ohne Vermögen und ohne Rang"[15] (EG, I/6) vorgestellt.[16] Durch die Erziehung ihrer Eltern ist sie sehr tugendhaft und keusch, jedoch auch abhängig von diesen. Ihre Erfahrungsarmut zeigt sich, als sie allein in die Kirche geht und dort auf den Prinzen von Guastalla trifft. Nach dem Treffen in der Kirche kommt Emilia „in einer ängstlichen Verwirrung" (EG, II/6) zu ihrer Mutter und erzählt ihr zitternd, was passiert ist: „Es sprach von Schönheit, von Liebe" (EG, II/6). In dieser Szene ist Emilia wie paralysiert und flieht aus der Kirche, sie weiß im Folgenden nicht mehr, was sie zu ihm gesagt hat. Für sie ist es es „fast wie ein Alptraum".[17]

Ihre Tugendhaftigkeit zeigt sich auch darin, dass sie Appiani davon berichten will, was Claudia Galotti ihr jedoch ausredet. Als der Graf daraufhin zu ihnen stößt, fällt auf, dass Emilia dem Grafen gegenüber keine Abneigung zeigt, aber auch keine romantischen Gefühle von ihrer Seite ausgehen. Ihre geplante Ehe ist eine Vernunftehe und basiert größtenteils auf der

---

[13] Vgl. Niklas Luhmann: *Liebe als Passion: zur Codierung von Intimität.* Frankfurt a. M. 1982, S. 51 u. S. 163.

[14] Vgl. Jutta Greis: *Drama Liebe: zur Entstehungsgeschichte der modernen Liebe im Drama des 18. Jahrhunderts.* Stuttgart 1991, S. 3f. u. 103.

[15] Gotthold Ephraim Lessing: *Emilia Galotti.* Hg. v. Elke Bauer u. Bodo Plachta. Stuttgart 2014, S. 18.

[16] Die direkten Zitate aus der Primärliteratur sind im Folgenden alle aus dieser Ausgabe und werden im Fließtext mit EG (=Emilia Galotti) und dem Auftritt im entsprechenden Aufzug versehen.

[17] Vgl. Gisela F. Ritchie: *Der Dichter und die Frau: literarische Frauengestalten durch drei Jahrhunderte.* Bonn 1989, S. 43.

gegenseitigen Wertschätzung ihres Vaters Odoardo und Appianis, auf die später noch ein-gegangen werden soll.[18] Nach dem Überfall auf die Hochzeitsgesellschaft sorgt sich Emilia neben ihrer Mutter jedoch auch um den Grafen und im gesamten Werk scheint sie seiner Lebensidee durch ihre Erziehung verbunden zu sein.

Als sie nach dem Überfall und Tod des Grafen Appiani erneut auf den Prinzen trifft, ist sie „unentschlossen" (EG, III/6) und wird vom Prinz „nicht ohne sträuben" (EG, III/6) mitge-nommen. Die These Johann Wolfgang von Goethes, dass Emilia in den Prinz verliebt sei, ist auch anhand dieser Textstelle zu bezweifeln. Viel mehr fürchtet sie sich vor ihm, der sie mit seiner „Sprache der Galanterie" (EG, II/6), wie Claudia sie bezeichnet, verwirrt. Sie ist die höfische Welt aufgrund ihrer Herkunft nicht gewohnt. Die Galottis sind zwar dem Adel zu-zuordnen, vertreten aber die bürgerlichen Werte.[19]

Dies zeigt sich auch in den letzten beiden Auftritten des Dramas, als Odoardo mit Emilia redet. Nachdem Odoardo ihr erläutert, dass sie nicht gemeinsam fliehen können und sie den Dolch sieht, welchen er von der Gräfin Orsina erhalten hat, ist sie entschlossen sich umzu-bringen. Dies geschieht neben ihrer Tugendhaftigkeit auch aufgrund ihrer Liebeskonzeption: Sie hat Angst, dass sie ihre Keuschheit unter diesen Umständen in der Zukunft nicht auf-rechterhalten kann. Emilia sagt: „Verführung ist die wahre Gewalt" (EG, V/7). Dieser würde sie ihrer eigenen Einschätzung nach im Haus des Kanzlers Grimaldi, dem „Haus der Freude" (EG, V/7) in welches der Prinz sie bringen möchte, erliegen. Hier ist die Opposition von Tugend und Laster sowie von Liebe und Wollust deutlich zu erkennen. Emilia, die im Sinne der Tugend und Liebe erzogen wurde, hat Angst vor ihren Lastern und ihrer Wollust.[20] Da der Prinz zudem voraussichtlich die Prinzessin von Massa heiraten wird, wäre Emilia auch nie seine Ehefrau, sondern nur eine Geliebte, was ihren Wertvorstellungen widerspricht.

Die Hauptfigur des Werkes ist also eine junge Frau, die einem Grafen versprochen ist, ge-genüber welchem sie weder Abneigung noch romantische Liebe empfindet. Durch ihre Er-ziehung zur Tugendhaftigkeit fürchtet sie sich vor der höfischen Welt und dem Prinzen. Als sie bemerkt, dass sie in dieser Welt der Verführung des Prinzen nicht widerstehen könnte, will sie sich selbst erdolchen, was anschließend ihr Vater übernimmt und dadurch ihre Tu-gendhaftigkeit rettet. Ob sie wegen ihrer eigenen Sinnlichkeit oder der Aussetzung einer

---

[18] Vgl. Susanna Rennik: *Gemischte Charaktere in Gotthold Ephraim Lessings bürgerlichen Trauerspielen „Emilia Galotti" und „Miss Sara Sampson"*. Tartu 2018, S. 12.
[19] Vgl. Jung, *Lessing*, S. 57.
[20] Vgl. Greis, *Drama*, S. 108f.

Willkür den Tod will, wird in der Forschung diskutiert. Vermutlich ist beides ein Teil der Wahrheit, wobei die These der eigenen Sinnlichkeit, wie gezeigt, durch einige Textstellen unterstützt wird.

4.2 Die Liebeskonzeption des Prinzen von Guastalla/Hettore Gonzagas

Hettore Gonzaga, der Prinz von Guastalla, ist die höchst gestellte Figur, welche in *Emilia Galotti* auftritt. Er tritt im gesamten ersten Aufzug auf, sodass das Drama mit ihm und nicht mit Emilia im Fokus beginnt. Anhand dieses Aufzugs kann man bereits eine Menge über die Liebeskonzeption des Prinzen erfahren, weshalb dieser nun etwas ausführlicher besprochen wird.

Zu Beginn öffnet der Prinz, der sich an seinem Arbeitstisch befindet, einige Bittschriften, ehe er eine von einer Emilia Bruneschi liest. Diese gewährt er umgehend, da er an Emilia Galotti erinnert wird, die er einige Wochen zuvor kennengelernt hat. Als er wenig später einen Brief seiner ehemaligen Geliebten, der Gräfin Orsina, erhält, öffnet er ihn nicht einmal und wirft ihn weg. Daraufhin kommt der Maler Conti hinzu und hat zwei Bilder dabei: Das eine zeigt Orsina, das andere Emilia Galotti.

Seine ehemalige Geliebte scheint Hettore Gonzaga nicht mehr zu mögen, so bezeichnet er ihre Augen als „Medusenaugen" (EG, I/4) und will ihr Bild in der Galerie aufstellen. Der Maler Conti bemerkt dazu ärgerlich, ein Künstler hoffe stets „daß das fertige Bild den Liebhaber noch eben so warm findet, als warm er es bestelle" (EG, I/4), was hier nicht der Fall ist.

Ganz anders ist es bei Emilia. Der Prinz sieht sie auf dem Bild und glaubt zunächst, es sei vielleicht seiner Phantasie geschuldet. Obwohl er sich dann versucht zu fassen, kann er kein Auge von dem Bild abwenden und hört Conti im Folgenden nicht mehr aufmerksam zu. Der Prinz möchte das Bild bei sich im Zimmer behalten und will dem Maler bezahlen, was auch immer er wolle. Hettore Gonzaga agiert dabei als aktiver Betrachter, während Emilia zum „passiven Objekt der Schaulust und Begierde"[21] wird. Als Marinelli ihm später mitteilt, dass Emilia Galotti am selben Tag den von ihm geschätzten Grafen Appiani heiraten soll, ist er

---

[21] Li, *Mündigkeit*, S. 224.

außer sich und teilt Marinelli mit: „So bin ich verloren! – So will ich nicht leben! […] Nun ja ich liebe sie" (EG, I/6). Zudem gibt er dem Marchesen freie Hand über Maßnahmen gegen die Hochzeit, die den Verlauf des Dramas bestimmen.

Zum Ende des Aufzugs kommt des Weiteren Camillo Rota, ein Berater des Prinzen, und gibt Gonzaga ein zu unterschreibendes Todesurteil. Dieser antwortet ihm dazu: „Recht gern. - Nur her! geschwind." (EG, I/8), weil er schnell zu der Messe will, in welcher er Emilia Galotti vermutet. Rota tut daraufhin so, als hätte er das Todesurteil nicht dabei, da er die hier dargestellte Willkür des Prinzen nicht dulden will. Diese Willkür zeigt dabei nicht Boshaftigkeit, sondern Gedankenlosigkeit des Prinzen und die fast schon hypnotische Wirkung des Bildes Emilias.[22] Gonzaga koppelt die öffentliche Person mit seinem privaten Interesse und zeigt seine Maßlosigkeit.[23]

Das Verlangen nach Emilia wird im ersten Aufzug ausführlich dargestellt. Es wird deutlich, dass er sie nur als Geliebte haben könnte, wie er zuvor die für ihn nun abstoßende Gräfin Orsina hatte. Auch die Auswirkungen seiner Liebe für den Staat sind zu erkennen.

In anderen Aufzügen wird deutlich, dass der Prinz für seine Liebe und sein Verlangen nach Emilia bereit ist vieles zu tun. Nachdem er erst, erschrocken über den Tod Appianis, feststellt, dass er es verhindert hätte „Und wenn es mir selbst das Leben gekostet hätte" (EG, IV/2), stellt er nur wenig später fest „Der Tod des Grafen ist für mich ein Glück – Das größte Glück, was mir begegnen konnte" (EG, IV/2). Zu Marinellis Plan, der den Überfall und die Ermordung des Grafen beinhaltete, meint er zudem „Auch ich erschrecke vor einem kleinen Verbrechen nicht" (EG, IV/2). Er sorgt sich nur darum, dass dieses Verbrechen zu groß und auffällig gewesen sei. Als er dann in seinem Lustschloss, dessen Name einen symbolischen Wert für die Macht und eben die Lust des Prinzen hat[24], mit Odoardo redet, wird erneut deutlich, dass er an Emilia vor allem ihre Schönheit schätzt. So fragt er Odoardo: „So viel Schönheit soll in einem Kloster verblühen?" (EG, V/5).

Der Prinz ist also von Beginn des Werkes an von der Schönheit Emilia Galottis fasziniert und leitet durch den Marchesen Marinelli Schritte ein, um deren Hochzeit mit dem Grafen

---

[22] Vgl. Hinrich C. Seeba: *Die Liebe zur Sache: öffentliches und privates Interesse in Lessings Dramen.* Tübingen 1973, S. 87.
[23] Vgl. Karin A. Wurst: *Familiale Liebe ist die „wahre Gewalt": die Repräsentation der Familie in G. E. Lessings dramatischem Werk.* Amsterdam 1988, S. 140.
[24] Vgl. Ana Glavaš: *Frauengestalten bei Lessing Emilia Galotti und Minna von Barnhelm.* Osijek 2011, S. 15.

Appiani zu verhindern. Er agiert dabei zügel- und maßlos, auch in Bezug auf die Staatsge-schäfte. Offen bleibt, ob Gonzaga für Emilia eine romantische Liebe empfindet oder sie al-lein aufgrund ihrer Schönheit zu seiner Geliebten machen möchte. Zu einer Liebesbeziehung zwischen ihm und Emilia kommt es jedoch nie, da diese von Odoardo getötet wird, um dies zu verhindern.

4.3 Die Liebeskonzeption der Gräfin Orsina

Die ehemalige Geliebte des Prinzen von Guastalla tritt erst im vierten Aufzug des Werkes auf. Sie, die als Gräfin dem Adel zuzuordnen ist, war für einige folgende Werke der Epoche offenbar eine sehr interessante Figur. So schreibt Walter Fischer „dass die Lady Milford ohne eine Gräfin Orsina nicht denkbar ist".[25] Auch Friedrich Schillers *Kabale und Liebe* wurde also von *Emilia Galotti* inspiriert. Durch ihre Zugehörigkeit zum Adel und der Bezie-hung zu Gonzaga kennt sie die höfische Welt gut und durchblickt dadurch schnell das Ver-brechen, welches geschehen ist. Sie enthüllt dieses im Lustschloss Odoardo, was später zu dem Mord an Emilia führt.[26]

Orsina reagiert auf Marinellis Information, dass der Prinz ihren Brief erhalten, aber nicht gelesen hat, emotional und wischt sich „eine Thräne aus dem Auge" (EG, IV/3). Daraufhin stellt sie fest, dass Gonzaga sie definitiv nicht mehr liebe, was dieser im ersten Aufzug be-reits einem Kammerdiener gegenüber bestätigt, als er sagt: „Kann seyn, ich habe sie auch wirklich geliebt. Aber – ich habe!" (EG, I/1). Seine Liebe gehört also der Vergangenheit an. Die Gräfin zeigt daraufhin ihre Intelligenz, wenn sie die Ursachen ihres Unglücks, nämlich die Machtstrukturen zwischen den Geschlechtern anspricht: „Ein Frauenzimmer, das denket, ist ebenso ekel als ein Mann der sich schminkt" (EG, IV/3). Hier spricht sie in aufkläreri-scher Funktion deutlich die vorhandene Doppelmoral an, ihre Intelligenz ist eine Bedrohung für den Prinzen und den Hof.[27] Dass die Gräfin des Weiteren liest, ist ein Akt der Individu-alität.[28] Diesen Aspekt beleuchtet Christa Kersting in ihrem Beitrag über die Erziehung zur

---

[25] Walter Fischer: *Gotthold Ephraim Lessing: Emilia Galotti*. 5. Aufl. Frankfurt a. M. u. a. 1983, S. 36.
[26] Vgl. Ebenda, S. 34f.
[27] Vgl. Friederike De Haas: „Weiblichkeitsentwürfe wider den Zeitgeist. Gedenkende Worte zur Kranznie-derlegung". In: Marion Kutter (Red.): *Weiblichkeitsentwürfe und Frauen im Werk Lessings. Aufklärung und Gegenaufklärung bis 1800*. Kamenz 1997. S. 61 – 65, hier S. 62f.
[28] Vgl. Li, *Mündigkeit*, S 229.

Zeit der Aufklärung besonders. Dabei erwähnt sie Joachim Heinrich Campes Werk *Väterlicher Rath für meine Tochter*, das durch die hohe Verbreitung nach der Veröffentlichung 1789 maßgeblichen Einfluss auf die Gesellschaft hatte. Dieser warnt darin eben vor dieser Art der Gelehrsamkeit der Frauen als Seuche sowie einer Lesesucht.[29]

Nachdem Orsina vom Prinzen auf dem Lustschloss abgewiesen wird, ist sie erst einmal „wie betäubt" (EG, IV/5), ehe sie das Verbrechen durchblickt und ankündigt, am nächsten Tag auf dem Marktplatz zu verkünden, dass der Prinz dahinter steckt und ein Mörder ist. Als sie kurz darauf auf Odoardo trifft, eröffnet sie ihm die Wahrheit und gibt ihm einen Dolch, mit dem er den Prinzen ermorden soll, was allerdings nicht passiert. Daraufhin verlässt sie mit Claudia Galotti das Schloss.

Die Gräfin Orsina hat den Prinz vermutlich geliebt, was an ihren emotionalen Reaktionen zu erkennen ist. Während ihre Liebeskonzeption allerdings nicht ausführlich erläutert wird, ist ihre Rolle als Frau interessant. Ihre Rolle war etwas Neues und Revolutionäres: Lessing greift mit ihr das Übel der Frauen auf. Sie durchblickt als lesende und denkende Frau die Machenschaften des Prinzen und ist für ihn eine große Bedrohung. Orsina ist es, die als Adelige dem Hof abschwört und den Prinz öffentlich verraten will. Sie ist es, die Odoardo den für die Handlung maßgeblichen Dolch gibt und sie ist es, die für spätere Werke wie *Kabale und Liebe* offenbar ein Vorbild war.

4.4 Die Liebeskonzeption des Grafen Appiani

Der Adelige, der Emilia heiraten soll, jedoch ermordet wird, ist der Graf Appiani. Er spricht nur im dritten Aufzug zum Publikum und interagiert dabei ausschließlich mit den Galottis und Marinelli. Appiani tritt zunächst tiefsinnig und melancholisch auf, meint jedoch, dass er dies aufgrund der Wichtigkeit des Tages sei. Er hat Emilia in der Stadt kennengelernt, wie Claudia verrät: „Hier nur konnte der Graf Emilien finden; und fand sie" (EG, II/4). Es scheint, dass Appiani froh ist, eine Frau zu bekommen, welche fromm und keusch ist, „und die nicht stolz auf ihre Frömmigkeit ist" (EG, II/7). Er sieht Emilia laut eigener Aussage in Gedanken immer so, wie er sie erstmals sah und fragt sie sogar, warum sie nicht „so wie

---

[29] Vgl. Kersting, *Konzepte*, S. 87.

sie da ist" (EG, II/7) zum Altar führen könne. Seine Gefühle zu seiner Versprochenen scheinen keusch-empfindsam zu sein, die Natürlichkeit, welche er schätzt, grenzt ihn dabei von der künstlichen höfischen Welt ab. Ihre Sinnlichkeit und Sexualität sind für ihn im Gegensatz zum Prinzen nicht entscheidend.[30]

Dies zeigt sich auch daran, dass Odoardo für ihre Beziehung von großer Wichtigkeit ist. Dieser schätzt seinen vermeintlich zukünftigen Schwiegersohn sehr: „Kaum kann ichs erwarten, diesen würdigen jungen Mann meinen Sohn zu nennen. Alles entzückt mich an ihm" (EG, II/4). Dies beruht auf Gegenseitigkeit, so meint Appiani über Emilias Vater: „Welch ein Mann [...] Das Muster aller männlichen Tugend" (EG, II/7). Ihre Wertschätzung beruht auf ihren ähnlichen Wertvorstellungen: Der Graf möchte nach der Hochzeit mit Emilia nicht in der Nähe des Hofes wohnen, welchen er verachtet, sondern in den Tälern in Piemont. Marinelli teilt dies dem Prinz bereits zu Beginn mit: „Er will mit seiner Gebietherinn nach seinen Thälern von Piemont" (EG, I/6). Beide wollen also weit weg von Stadt und Hof leben und sind sehr tugendhaft.

Der Graf Appiani hat die Idee von einer keuschen und vernünftigen Liebe. Nicht die Sinnlichkeit, sondern die Tugendhaftigkeit seiner zukünftigen Frau ist ihm wichtig. Ihre Ehe geschieht aus Vernunft, und er und Odoardo schätzen sich gegenseitig. Appiani scheint sowohl Emilia als auch Odoardo sehr zu mögen, jedoch ist er keine Figur der romantischen Liebe.

4.5 Die Liebeskonzeption Odoardo und Claudia Galottis

Die Liebeskonzeptionen der Eheleute Galotti soll zum Abschluss zusammen aufgezeigt werden, da sie das einzige Paar sind, welches in *Emilia Galotti* in einer festen Beziehung ist. Odoardo und Claudia Galotti sind zu Beginn des Werkes bereits verheiratet und haben mit Emilia eine Tochter. Odoardo ist als Familienvater zur damaligen Zeit das Oberhaupt der Familie. Er hat eine enge, aber von Autorität geprägte Verbindung zu seiner Tochter und erzieht sie gemeinsam mit seiner Frau nach seinen bürgerlichen Wertvorstellungen.[31] Seine Vorstellung von der Beziehung zu Claudia ist, dass er über ihr steht: Er kritisiert sie häufig

---

[30] Vgl. Greis, *Drama*, S 107.
[31] Vgl. Wurst, *Familiale*, S. 127.

und ist ihr gegenüber streng. Als er erfährt, dass der Prinz auf Emilia getroffen ist und Claudia dem nicht abgeneigt war, sagt er zu ihr: „O Claudia! eitle thörichte Mutter" (EG, II/4). Auch bei ihrem letzten Aufeinandertreffen im Lustschloss des Prinzen wird das Machtgefälle zwischen den beiden deutlich. Claudia begrüßt ihren Mann mit: „Errathen! – Ah unser Beschützer, unser Retter" (EG, IV/8).

Claudia ist jedoch kein mundtoter Charakter ohne Funktion. Sie wird zwar von Odoardo immer wieder kritisiert, erkennt aber im dritten Aufzug schnell das begangene Verbrechen. Sie ist zudem durch einen ausgeprägten sozialen Ehrgeiz gekennzeichnet, weshalb sie die Avancen des Prinzen zu Beginn nicht für schlimm hält.[32] Emilia gegenüber spricht sie aus, was sie über Odoardos strenge Führung der Familie denkt: „Im Zorne hätt' er den unschuldigen Gegenstand des Verbrechens mit dem Verbrecher verwechselt" (EG, II/6). Sie meint also, dass der Familienvater überreagiert und nicht klar urteilen kann, wenn er erst einmal wütend wird.

Es ist anzunehmen, dass Odoardo und Claudia Galotti eine Vernunftehe führen und nicht aus romantischer Liebe geheiratet haben. Ihr gegenseitiges Verhalten ist distanziert, und es fällt ein deutlich hierarchisches Verhältnis auf.

5 Fazit

Die Liebeskonzeptionen in *Emilia Galotti* spielen eine wichtige Rolle. Sie hängen alle eng mit dem Konflikt zwischen Adel und Bürgertum zusammen und sind doch sehr unterschiedlich. Die titelgebende Hauptfigur ist ein junges Mädchen, welches eine Vernunftehe eingehen soll, gleichzeitig aber einen hochadeligen Verehrer hat. Vor seiner Welt fürchtet sie sich ebenso wie vor ihrer eigenen Sinnlichkeit. Als Folge ihrer Erziehung hat sie nie gelernt damit umzugehen und muss am Ende sterben. Die Liebe ist für sie deutlich von der Wollust zu trennen.

Der Prinz hingegen ist durch ihre Schönheit verzaubert und will sie mitsamt ihrer Sinnlichkeit besitzen. Hierfür gibt er dem Marchesen Marinelli freie Hand, was zur Ermordung des Grafen Appiani führt. Er agiert zügel- und maßlos um Emilia zu seiner Geliebten zu machen.

---

[32] Vgl. Seeba, *Sache*, S. 93.

Seine ehemalige Geliebte Orsina hat den Prinzen offenbar geliebt und ist erschüttert, wie er sie nun behandelt. Sie tritt als aufklärerische Frau auf, die intelligent und gebildet ist. Den Prinzen und Marinelli durchschaut sie schnell und merkt korrekt an, dass ihr Problem als Frau ihre Intelligenz sei.

Der Graf Appiani hingegen vertritt in *Emilia Galotti* die bürgerlichen Werte. Seine Liebe zu Emilia ist nicht von Sinnlichkeit, sondern von Keuschheit geprägt. Obwohl er adelig ist, will er fernab vom Hof leben. Dies passt zu seiner nicht von Lust und Leidenschaft geprägten Art der Liebesvorstellung.

Für die bürgerlichen Wert- und Familienvorstellungen stehen auch Odoardo und Claudia Galotti. Diese führen eine streng hierarchische Ehe, in der der Mann als Oberhaupt der Familie die Entscheidungen trifft, was den damaligen bürgerlichen Vorstellungen entspricht.

Die Liebeskonzeptionen in *Emilia Galotti* sind vielfältig. Während der Prinz für die leidenschaftliche und verlangende Liebe steht und Emilias Sinnlichkeit begehrt, führen Odoardo und Claudia eine typische Vernunftehe des Bürgertums. Ähnliche Vorstellungen von der Liebe hat der Graf Appiani, der dem Hof abschwört. Von den Liebesvorstellungen der Gräfin Orsina ist wenig bekannt, dafür ist sie eine Frauenfigur, die nicht dem typischen damaligen Bild einer Frau entspricht. Sie ist äußerst intelligent und will sich den Männern nicht mehr unterordnen. Zuletzt bleibt Emilia Galotti. Sie wurde von ihren Eltern mit bürgerlichen Wertvorstellungen aufgezogen, weshalb sie zunächst auch keusch und zurückhaltend in der Liebe agiert. Dies ist an ihrer Interaktion mit dem Grafen Appiani zu erkennen. Durch den Prinzen bemerkt sie allerdings ihre sinnliche Seite und dass sie seinen Verführungskünsten entfernt von ihren Eltern nicht widerstehen können wird. Dieser Konflikt führt am Ende des Werkes zu ihrer Ermordung durch ihren eigenen Vater.

6 Bibliographie

Primärliteratur

Lessing, Gotthold Ephraim: *Emilia Galotti*. Hg. v. Elke Bauer u. Bodo Plachta. Stuttgart 2014.

Sekundärliteratur

Alt, Peter-André: *Aufklärung*. 3., aktual. Aufl. Stuttgart/Weimar 2007.

Becker-Cantarino, Barbara: ‚Komödiantinnen, ich hätte euch doch kennen sollen'. Weiblichkeitsentwürfe und Frauen in Lessings dramatischem Werk". In: Marion Kutter (Red.): *Weiblichkeitsentwürfe und Frauen im Werk Lessings. Aufklärung und Gegenaufklärung bis 1800*. Kamenz 1997. S. 33 – 60.

De Haas, Friederike: „Weiblichkeitsentwürfe wider den Zeitgeist. Gedenkende Worte zur Kranzniederlegung". In: Marion Kutter (Red.): *Weiblichkeitsentwürfe und Frauen im Werk Lessings. Aufklärung und Gegenaufklärung bis 1800*. Kamenz 1997. S. 61 – 65.

Fischer, Walter: *Gotthold Ephraim Lessing: Emilia Galotti*. 5. Aufl. Frankfurt a. M. u. a. 1983.

Girschik, Christoph: *Liebe und Gewalt als Korrelate patronomer Herrschaft*. Münster u.a. 1994.

Glavaš, Ana: *Frauengestalten bei Lessing Emilia Galotti und Minna von Barnhelm*. Osijek 2011.

Greis, Jutta: *Drama Liebe: zur Entstehungsgeschichte der modernen Liebe im Drama des 18. Jahrhunderts*. Stuttgart 1991.

Jung, Werner: *Gotthold Ephraim Lessing*. Stuttgart/Paderborn 2010.

Kaiser, Gerhard: *Von der Aufklärung bis zum Sturm und Drang: 1730 – 1785*. Gütersloh 1966.

Kersting, Christa: „Konzepte weiblicher Erziehung im Zeitalter der Aufklärung". In: Marion Kutter (Red.): *Weiblichkeitsentwürfe und Frauen im Werk Lessings. Aufklärung und Gegenaufklärung bis 1800*. Kamenz 1997. S. 67 – 93.

Li, Mingming: „Emilia Galotti – Mündigkeit der Wahrnehmung". In: *Literaturstraße. Chinesisch-deutsche Zeitschrift für Sprach- und Literaturwissenschaft* 16 (2015). S. 219 – 233.

Luhmann, Niklas: *Liebe als Passion: zur Codierung von Intimität*. Frankfurt a. M. 1982.

Rennik, Susanna: *Gemischte Charaktere in Gotthold Ephraim Lessings bürgerlichen Trauerspielen „Emilia Galotti" und „Miss Sara Sampson"*. Tartu 2018.

Ritchie, Gisela F.: *Der Dichter und die Frau: literarische Frauengestalten durch drei Jahrhunderte*. Bonn 1989.

Seeba, Hinrich C.: *Die Liebe zur Sache: öffentliches und privates Interesse in Lessings Dramen*. Tübingen 1973.

Wurst, Karin A.: *Familiale Liebe ist die „wahre Gewalt": die Repräsentation der Familie in G. E. Lessings dramatischem Werk*. Amsterdam 1988.